TERFYSG BECA

THE REBECCA RIOTS

Gyda'r hwyr ar Fai 13, 1839, ymgasglodd criw o ddynion, wedi'u gwisgo fel merched, wrth dollborth Efail-wen, sir Gaerfyrddin. Cyn pen dim roedd y glwyd ar draws y ffordd wedi'i dinistrio'n llwyr. Er i Gwmni Tyrpeg Hendy-gwyn ei hail-godi ddwywaith bu'n rhaid iddynt roi'r gorau iddi yn y pen draw a llithrodd y terfysgwyr dirgel yn fuddugoliaethus yn ôl i'r gwyll.

Dair blynedd yn ddiweddarach ffrwydrodd terfysg tebyg ym Mhwll-trap gerllaw a'r tro hwn ymledodd fel tân gwyllt ledled de-orllewin Cymru. Yn ystod y flwyddyn ddilynol ymosodwyd ar dros 500 o dargedau amrywiol, rhyw hanner ohonynt yn dollbyrth. Tyfodd protest leol yn wrthryfel o bwys ac yn ei sgil ymddangosodd 'Merched Beca' i ymladd dros iawnderau'r werin yng nghefn gwlad.

Roedd cymryd rhan mewn terfysg o'r fath, fel y profodd Terfysgwyr Swing a Merthyron Tollpuddle yn Lloegr yn yr un cyfnod, yn beryglus iawn. Crogi neu drawsgludo oedd y gosb am herio'r

During the evening of May 13, 1839, a gang of men, dressed as women, gathered at the Efail-wen toll-gate in Carmarthenshire. Within minutes the gate across the road had been completely destroyed. Although the Whitland Turnpike Trust re-erected the gate twice they had to give in eventually and the mysterious rioters disappeared, victorious, back into the gloom.

Three years later a similar riot erupted at nearby Pwll-trap and this time it spread like wildfire throughout south-west Wales. During the following year 500 different targets were attacked; about half of them were toll-gates. A local protest had developed into an important revolt and the 'Daughters of Rebecca' had emerged to fight for the rights of the ordinary man in the countryside.

Taking part in such a riot was extremely dangerous as the Swing Rioters and Tollpuddle Martyrs proved in England in the same period. The punishment for challenging authority with violence in the

awdurdodau trwy drais ddechrau Oes Victoria. Beth, felly, yrrodd denant-ffermwyr parchus a cheidwadol i ben eu tennyn mor ddramatig?

Heb amheuaeth roedd degawdau cynta'r bedwaredd ganrif ar bymtheg yn rhai anodd iawn i ffermwyr bychain Cymru. Roedd poblogaeth y de-orllewin wedi chwyddo bron 65% rhwng 1801 ac 1841 ond doedd amodau byw wedi gwella dim. Roedd bwlch enfawr bellach rhwng y tenant-ffermwyr tlawd, Cymraeg eu hiaith ac Anghydffurfiol eu crefydd a'u

early Victorian age was hanging or transportation. What, then, drove respectable and conservative tenant-farmers to their wits' end so dramatically?

Without doubt the first decades of the nineteenth century were very difficult ones for the small farmers of Wales. The population of the south-west increased nearly 65% between 1801 and 1841 but living conditions had not improved at all. By this time too a huge gulf had appeared between the impoverished Welsh-speaking, Nonconformist tenant-farmers

Adeiladau hen dloty Caerfyrddin, gwrthrych sen y terfysgwyr.

The old workhouse buildings at Carmarthen, the target of the rioters' ire.

meistri-tir cyfoethog, Saesneg eu hiaith oedd yn aelodau o Eglwys Loegr. Hawliai llawer o'r meistri-tir renti annheg o uchel. Dyma un o gŵynion mawr Merched Beca. Mewn llythyr at y sgweier William Peel, Taliaris, meddai Beca, 'Down the rent and all will be good!'

Ond roedd sawl gormes ariannol arall yn llethu'r ffermwyr druain. Roedd talu'r degwm (sef degfed rhan o'u cynnyrch i Eglwys Loegr) yn faich annerbyniol. Wedi'r cyfan, fel capelwyr, pam ddylen nhw gynnal 'eglwys estron'? At hyn, erbyn yr 1840au, roedd cyfran helaeth o'r degwm yn mynd, nid i'r eglwys o gwbl,

and their affluent, English-speaking, Anglican landlords. Many of the landlords were claiming unfairly high rents. This was one of the Rebeccaites' main grievances. In a letter to squire William Peel of Taliaris, Rebecca wrote, 'Down the rent and all will be good'.

Several other financial grievances oppressed the poor farmers. Paying the tithe (a tenth of one's produce to the Church of England) was an unacceptable burden. After all, as chapel-goers, why should they maintain an 'alien church'? By the 1840s too a great portion of the tithes had been appropriated by greedy

GYFERBYN AR GARREG
HON, AR Y 13EG O FAI
1839 Y DINISTRIWYD
TOLLBORTH AR Y FFORDD
DYRPEG AM Y TRO
CYNTAF, A THRWY
HYNNY DECHREUWYD
RHYDDHAU FFYRDD
Y WLAD

ond i bocedi'r landlordiaid gwancus. Yn waeth byth roedd Deddf Cymudo'r Degwm (1836) wedi gorchymyn talu'r degwm mewn arian parod yn lle nwyddau fel ŷd neu ŵyn, a doedd dim arian gan y tenant-ffermwyr ar gyfer hyn.

Deddf arall oedd yn cythruddo'r werin oedd Deddf Diwygio Deddf y Tlodion (1834), yn gorchymyn casglu trethi i adeiladu tlotai. Ystyriai'r werin y tlotai fel carchardai lle câi'r tlawd eu cosbi am fod

landowners and did not reach the church at all. And the Tithe Commutation Act (1836) decreed that the tithe had to be paid in cash, not in goods such as corn or lambs, making matters worse for the tenant-farmers, who were hard pressed for cash.

Another law which rankled the peasantry was the Poor Law Amendment Act (1834), which raised taxes to pay for building workhouses. The peasants

Plant o Ysgol Hafodwennog, Talog, yn ail-greu Terfysg Beca.

Carreg goffa Efailwen. (gyferbyn)

Children from Ysgol Hafodwennog, Talog, recreate the Rebecca Riots.

Efailwen memorial stone. (opposite)

ABERYSTWITH SOUTH GATES
(CLEAR) ABERYSTWITH NORTH GATES.

Rate of Toll to be taken at this Gate.

	£-s-d
For every Horse or other Beast drawing any Coach, Chariot, Berlin, Landau, Landaulet, Barouche, Chaise, Phaeton, Vis-a-Vis, Calash, Curricle, Car, Chair, Gig, Hearse, Caravan Litter, or any such like Carriage——————	0-0-6
For every Horse or other Beast, except Asses drawing any Waggon, Wain, Cart, or other such like Carriage—	0-0-4
For every Ass drawing any Cart, Carriage, or other Vehicle-	0-0-2
For every Horse or Mule, laden or unladen, and not drawing	0-0-1½
For every Ass, laden or unladen and not drawing——	0-0-½
For every Horse or other Animal employed in carrying, drawing, or conveying any lime to be used for the purpose of manure	0-0-2

For every drove of Oxen, Cows, or Neat Cattle, the sum of Ten Pence per Score, and so in proportion for any greater or less number
For every drove of Calves, Hogs, Sheeps, or Lambs, the sum of Five Pence per Score, and so in proportion for any greater or less number.

EXEMPTION FROM TOLLS

Horses or Carriages attending her Majesty, or any of the Royal Family, or returning therefrom; Horses or Carriages employed for the repairs of any Turnpike Roads, Highways, or Bridges; Horses or Carriages employed in carrying Manure (save Lime) for improving Lands, or Ploughs, or implements of Husbandry; Horses employed in Husbandry, going to or returning from Plough, or to or from Pasture, or Watering place, or going to be or returning from being Shoed, and Horses not going or returning on those occations more than two miles on the Turnpike Road on which the exemption is claimed; Persons going to, or returning from, their proper parochial Church or Chapel, Persons going to, or returning from, their usual place of religious worship tolerated by Law, on Sundays, or on any day on which Devine Service is ordered to be Celebrated; Inhabitants of any Parish or Township going to, or returning from attending the Funeral of any Person who shall die or be buried in the Parish, Township, or hamlet, in which any turnpike Road shall lie, any Rector, Vicar, or Curate, on his parochial duty within his Parish; Horses, Carts, or Waggons, conveying Vagrants sent by passes, or any Prisoner sent by legal warrant; Horses or Carriages conveying the Mails; Horses of any Officer or Soldier on march or duty; Horses or Carriages conveying the Arms or Baggage of any such Soldiers or Officers, or returning therefrom or any Sick, Wounded, or disabled Officers, or Soldiers, or any Ordnance, or other public Stores; Horses and Carriages used by Corps of Yeomanry or Volunteers; Horses or Carriages carrying or conveying any person to and from County Elections; any Horse, carrying any Agricultural produce which shall have grown on Land in the occupation of, or cultivated, used, or enjoyed by the Owner of such produce, and which shall not have been sold; Sheep going to be washed; Horses drawing or not drawing, which shall not pass more than three hundred yards along the Turnpike Road.

Tollborth y De, Aberystwyth, a welir bellach yn Amgueddfa Werin Cymru, Sain Ffagan.

Southgate Tollhouse, Aberystwyth, now at the National History Museum, St Fagans.

yn dlawd a'u gwahanu oddi wrth aelodau'u teulu. Does ryfedd fod Merched Beca wedi bygwth ymosod ar sawl tloty, fel Arberth a Chastell Newydd Emlyn yn 1843.

Ond dewisodd y terfysgwyr ymosod yn bennaf ar y tollbyrth oedd yn britho cefn gwlad Cymru. Dyma dargedau symbolaidd gweladwy a hygyrch. Erbyn Oes Victoria Cwmnïau Tyrpeg oedd yn gofalu am y ffyrdd a chodent dollau i dalu am y gwaith. Roedd 11 cwmni gwahanol yn gweithredu yn sir Gaerfyrddin yn unig ac roedd 11 tollborth rhwng Pontarddulais a Chaerfyrddin. Roedd

considered the workhouses to be prisons, where the poor were punished for being poor and separated from members of their family. It isn't surprising that the Rebeccaites threatened to attack several workhouses, such as Narberth and Newcastle Emlyn in 1843.

But the rioters chose to vent their wrath mainly upon the toll-gates which dotted the Welsh countryside. These were accessible and tangible symbolic targets. By the Victorian Age Turnpike Trusts had been established to look after the roads and tolls were raised to pay for the work. 11 different companies

cynrychiolwyr y Cwmnïau, fel Thomas Bullin, Abertawe, yn ddi-dostur o farus. Dechreuon nhw godi bariau ychwanegol ar draws lonydd cefn i ddal tenant-ffermwyr ar eu ffordd i'r farchnad neu at yr arfordir i 'nôl calch i achlesu'u tir. Heb galch fyddai'r pridd ddim yn gynhyrchiol ac heb gnydau byddai'r ffermwyr a'u teuluoedd yn newynnu. Dim ond unwaith y diwrnod y câi ceidwad tollborth godi toll ar deithiwr. Felly byddai ffermwyr yn ymgynnull am hanner nos wrth y clwydi er mwyn gallu teithio 'nôl a mlaen

operated in Carmarthenshire alone and there were 11 toll-gates between Pontarddulais and Carmarthen. The Trusts' agents, such as Thomas Bullin of Swansea, were very greedy. They began erecting extra bars across side-lanes, to catch tenant-farmers on their way to market or to the coast to fetch lime to dress the land. Without lime the soil would be unproductive and without crops the farmers and their families would starve. Toll-gate keepers could only charge travellers for one journey

Tollborth Tre-Ioan, Caerfyrddin.

Johnston Tollhouse, Carmarthen.

Hen glwydi tref Hwlffordd

The old tollgates at Haverfordwest

trwyddynt o fewn pedair awr ar hugain ac arbed arian. Mae'n hawdd dychmygu criw o ffermwyr llawn dicter cyfiawn yn eu tlodi affwysol, wedi ymgynnull wrth dollborth ganol nos, yn barod i ddechrau cynllwynio terfysg.

Ac erbyn hydref 1842 roedd pethau wedi mynd i'r pen. Rhwng 1839–41 cafwyd cynaeafau trychinebus ond pan lwyddodd cynhaeaf 1842 syrthiodd prisiau yn ddramatig. Ar yr un pryd roedd prif farchnad ffermwyr y de-orllewin, sef ardaloedd diwydiannol y de-

per day, so farmers would gather at gates at midnight to travel back and forth within twenty-four hours and save money. It's easy to imagine a gang of farmers, full of righteous anger at their abject poverty, gathered at a toll-gate at midnight, ripe for revolt.

And by the autumn of 1842 the situation had reached crisis point. Between 1839–41 the harvests had been disastrous but when the 1842 harvest was successful prices plummeted. At the same time the main market for south-west

O IE, FY MHLANT!
YDYN NHW BOB UN.

PAN FYDDAI'N CWRDD
Â'R FFERMWYR YN CLUDO CALCH AR YR HEOL
YN LLAWN CHWYS A LLWCH,
RWY'N GWYBOD MAI REBECCAID YDYN NHW.
PAN WELAF Y GLOWYR O ŶS DOD I'R DRE MEWN DILLAD CARPIOG,
YN FLINEDIG A NEWYNOG,
RWY'N GWYBOD EU BOD NHW'N PERTHYN I FIS

PLANT REBECCA YDYN NHW.

PAN WELAF WRAGEDD FFERMWYR YN CARIO BASGEDI TRWM I'R FARCHNAD
Â GAN BLYGU O DAN Y PWYSE
RWY'N GWYBOD FY MERCHED I YDYN NHW.
YN IAWN MAI
OS TROF I MEWN I DŶ FFERM A GWELD Y TEULU'N BWYTA BARA HAIDD
AC YN YFED MAIDD,
YN WIR, DYWEDAF:

FY NHEULU I YDYN NHW, RHAIN YW
MEIBION A MERCHED
G · O · R · T · H · R · Y · M · E · D · I · G
REBECCA

ddwyrain, mewn dirwasgiad difrifol a'r glowyr a'r mwynwyr di-waith yn dychwelyd i'w cynefin yng nghefn gwlad gan roi rhagor o bwysau ar yr economi fregus. Coronwyd y cyfan pan agorodd y Prif Weinidog, Peel, y porthladdoedd i fewnforion rhad o wartheg a chig eidion. Roedd ffermwyr bychain Cymru mewn argyfwng enbyd yn awr.

Pa ddewis oedd gan y ffermwyr druain ond troi at drais? Ac roedd ymateb yn dreisgar trwy danio tâs wair cymydog neu anafu'i anifeiliaid yn hen arfer yn y Gymru wledig. Mewn gwlad heb heddlu proffesiynol, defod y 'ceffyl pren' oedd y dull arferol i sicrhau cyfiawnder yn y gymdeithas. Y nod oedd cywilyddio'r tramgwyddwyr yn gyhoeddus. Câi gŵr oedd wedi curo'i wraig neu wraig oedd wedi amharchu'i gŵr eu gorfodi i reidio'r 'ceffyl pren' ac yna i sefyll prawf ffug. Elfennau allweddol yn y ddefod hon oedd duo wynebau a thrawswisgo – yn rhannol i guddio pwy oeddent ond yn

Wales' produce – the industrial south-east – was suffering a deep depression. The unemployed coal- and iron-miners flocked homewards to the countryside putting further strain upon the fragile economy. The crisis was compounded by Prime Minister Peel opening the ports to cheap imports of cattle and beef. Now, the small farmers were at the end of their tether.

What choice did the wretched farmers have but to resort to violence? And resorting to violence, by firing a neighbour's hayrick or injuring his stock was a customary practice in rural Wales. In a country with no professional police force, the usual method of securing social justice was through the *ceffyl pren* (wooden horse) rite. Its aim was to shame miscreants publicly. A husband who beat his wife or a wife who misbehaved would be made to ride the *ceffyl pren* and to stand a mock trial. Essential elements of this rite were blackening faces and cross-dressing –

bennaf am fod gwisgo fel 'merched' i derfysgu yn symbol fod y byd wedi troi â'i ben i waered. Mabwysiadodd Merched Beca elfennau dramatig defod y ceffyl pren. Cyn dinistrio tollborth byddai'r 'merched' yn perfformio dramodig fechan gyda'u 'mam' Beca. Ond pam dewis yr enw Beca/Rebecca? Ai oherwydd mai gan wraig o'r enw Rebecca o Langolman y cafodd un o'r arweinwyr cyntaf, Twm Carnabwth, fenthyg dillad i'w ffitio? Neu am fod y terfysgwyr Anghydffurfiol yn ddigon hyddysg yn eu Beiblau i wybod am y cyfeiriad at Rebecca a'i hâd yn 'etifeddu porth eu gelynion' yn llyfr Genesis (xxiv, 60)?

Rhwng hydrefau 1842 a 1843 bu Merched Beca yn cynnal rhyfel gerila ledled y de-orllewin. Roedden nhw'n defnyddio tactegau amrywiol. Byddai Beca yn ysgrifennu llythyron rhybuddiol i'r wasg neu at 'elynion' fel ficer Penbryn, Aberteifi,

partly to hide their identity, but mainly because dressing as women to riot symbolised a world turned upside-down. The Rebeccaites adopted the dramatic features of the *ceffyl pren* rite. Before destroying a toll-gate the 'daughters' would enact a short sketch with their 'mother' Rebecca. But why choose the name 'Rebecca'? Was it because one of the first leaders, Twm Carnabwth, borrowed clothes to fit him from Rebecca of Llangolman? Or because the Nonconformist rioters were sufficiently well-versed in their Bibles to know the reference to Rebecca and her seed possessing 'the gates of those which hate them' in Genesis xxiv, 60?

Between the autumns of 1842 and 1843 the Rebeccaites waged guerrilla warfare throughout the south-west. They used various tactics. Rebecca would write warning letters to the press and to such 'enemies' as the vicar of Penbryn,

A bendithiwyd Rebeca a dywedwyd wrthi tydi ein chwaer budded iti fod yn fam i filoedd a miliynau a budded i'th ddisgynyddion etifeddu porth eu gelynion

a oedd wedi atafaelu Beibl un o'i blwyfolion i dalu am ddegwm dyledus. Bygythion nhw dorri'i goes a'i fraich e a llosgi'i eiddo. Dro arall byddai cannoedd yn cyd-derfysgu. Ymosododd tri chant ar gartref asiant degwm, Rees Goring Thomas, Llan-non, ar Awst 22, 1843 a daeth cannoedd i gyd-ddinistrio tollborth Pen-sarn, Caerfyrddin, yn yr un cyfnod. Gallai'r ymosodiadau droi'n dreisgar. Dallwyd gwraig ceidwad tollborth New Inn, Ceredigion a llofruddiwyd hen wreigan o'r enw Sarah Williams yn yr Hendy ger Pontarddulais, gan sobreiddio'r terfysgwyr drwyddynt.

Cardigan. He had distrained a Bible from a parishioner to pay tithes owed the church. They threatened to break his arm and leg and put fire to his property. On other occasions they rioted in their hundreds. Three hundred Rebeccaites attacked the home of Rees Goring Thomas, Llan-non's tithe agent, on August 22, 1843 and hundreds gathered to destroy Pen-sarn toll-gate, Carmarthen, in the same period. The attacks could become violent. The toll-keeper's wife at New Inn, Cardiganshire was blinded and Sarah Williams was murdered at Hendy, Pontarddulais – a tragedy which sobered the rioters greatly.

Y plac a welir ar dafarn y Plough and Harrow, Trevaughan.

This plaque can be seen on the Plough and Harrow pub, Trevaughan, Carmarthen.

Y digwyddiad mwya trawiadol oedd yr orymdaith o ddwy fil o brotestwyr a

Y cyfarfod ar Fynydd Sylen.

The meeting on Sylen Mountain.

gerddodd i mewn i dref Caerfyrddin, dan faner 'Cyfiawnder a Charwyr Cyfiawnder Ydym Ni Oll', ganol dydd golau ar Fehefin 19, 1843. Rywsut ymunodd carfan anystywallt o'r dref â'r orymdaith a'i harwain i ymosod ar Wyrcws Pen-lan. Rhuthrodd milwyr y '*Fourth Light Dragoons*' tua'r dre. Ffodd llawer o'r gorymdeithwyr a daliwyd eraill. Yn sgil y brotest gyhoeddus hon anfonodd papur newydd y *Times* ohebydd, Thomas Campbell Foster, i'r fro i ymchwilio i'r terfysg. Ysgrifennodd e sawl colofn gydymdeimladol yn egluro cwynion y ffermwyr a chafodd ei wahodd i gyfarfod

The most striking episode was the march by 2000 protesters into Carmarthen in broad daylight on June 19, 1843, under the banner *Cyfiawnder a Charwyr Cyfiawnder Ydym Ni Oll* ('Justice and we are all Lovers of Justice'). Somehow an unruly mob from the town attached itself to the marchers and led them to attack Pen-lan Workhouse. Soldiers from the Fourth Light Dragoons rushed to the town. Many rioters fled, others were caught. As a result of this public protest *The Times* newspaper despatched a journalist, Thomas Campbell Foster, to the area to research the revolt. He wrote

REBECA

Dinistriwyd Gât
Pontarddulais
gan Ferched
Beca dan eu harweinydd
John Hughes (Jac Tŷ-isha)
ar Fedi 6ed 1843.

The Pontarddulais
Toll-gate
was destroyed on the
6th September 1843
by the Daughters of
Rebecca led by
John Hughes (Jac Tŷ-isha).

dirgel yng Nghwmifor, ger Llandeilo, i glywed y ffermwyr yn lleisio'u llu pryderon. Cafodd y rhain eu datgan yn glir hefyd mewn cyfarfodydd cyhoeddus enfawr, fel yr un ar Fynydd Sylen, Pontyberem, lle daeth 3,000 o bobl ynghyd ar Awst 25, 1843.

Tacteg arall lwyddiannus oedd cael arweinwyr gwahanol. Thomas Rees, neu Twm Carnabwth, o Fynachlog-ddu oedd un o'r cyntaf a Michael Bowen o Dre-lech, yn ei wig rhawn-ceffyl melyn, arweiniodd y fintai fawr i dre Caerfyrddin. Tri dyn ifanc lleol byrbwyll, John Hughes (Jac Tŷ-isha), John Hugh a David Jones a arestiwyd ac a alltudiwyd i Van Diemen's Land yn dilyn ymosodiad ar dollborth ym Mhontarddulais ym Medi 1843 a'r ddau ddihiryn, Dai'r Cantwr a Sioni Sgubor Fawr, ddaeth ag anfri ar y 'Merched' gyda'u trais a'u

REBECA

Dinistriwyd Gât y Bolgoed gan Ferched Beca dan eu harweinydd Daniel Lewis ar Orffennaf 6ed 1843

The Bolgoed Toll-gate was destroyed on the 6th July 1843 by the Daughters of Rebecca led by Daniel Lewis.

empathetic reports explaining the farmers' grievances and he was invited to a secret meeting at Cwmifor near Llandeilo, to hear them voicing their valid concerns. These grievances were also aired in huge public meetings, such as at Mynydd Sylen, Pontyberem, where 3000 people gathered, on August 25, 1843.

Another tactic was to have many Rebeccas. Thomas Rees, or Twm Carnabwth, of Mynachlog-ddu, was one of the first and the march into Carmarthen was led by Michael Owen of Tre-lech, in a blond horse-hair wig. Three impulsive local lads, John Hughes (Jac Tŷ-isha), John Hugh and David Jones, were arrested and transported to Van Diemen's Land following the attack on a toll-gate at Pontarddulais in September 1843 and it was two scoundrels, Dai'r Cantwr and Sioni Sgubor Fawr, who brought Rebecca's

John Hughes (Jac Tŷ-Isha) gyda'i wraig yn Tasmania, Awstralia ble treuliodd weddill ei oes ar ôl cael ei alltudio.

John Hughes (Jac Tŷ-Isha) with his wife outside his home in Tasmania, Australia where he spent the rest of his days after his transportation.

Beddau Thomas Rees (Twm Carnabwth) ym Mynachlog-ddu a Daniel Lewis ym Mhontarddulais.

The graves of Thomas Rees (Twm Carnabwth) at Mynachlog-ddu and Daniel Lewis at Pontarddulais.

bygythiadau yn ardal Cwm Gwendraeth a Llanelli yn yr un cyfnod. Yn ôl y chwedl chwerthin wnaeth y ddau yma pan gawsant eu dedfrydu i alltudiaeth am oes. Ond mae baled Dai'r Cantwr cyn hwylio ymaith yn awgrymu'i fod e, o leia, bron torri'i galon wrth feddwl am fynd 'Dros y môr, o'm goror gron …'. Eto, efallai fod un meistr-gynllwyniwr yn y cefndir trwy'r amser, yn trefnu'r terfysgu anhrefnus ond effeithiol hyn. Cyfreithiwr o Siartydd radical, Hugh Williams o Gaerfyrddin, sy'n cael y clod fel arfer. Yn sicr bu'n hynod weithgar yn llythyru ar ran Beca ac yn amddiffyn 'ei Merched' yn y llysoedd barn.

Ond erbyn Hydref 1843 roedd

name into disrepute with their violent and threatening behaviour in Cwm Gwendraeth and Llanelli in the same period. According to legend they laughed when they heard that they were to be transported for life. But Dai Cantwr's ballad before sailing away suggests that he, at least, was broken-hearted at leaving his native Wales forever. Yet, perhaps there was one mastermind in the background throughout, organising the disorganised but effective rioting. Hugh Williams of Carmarthen, a lawyer and radical Chartist is usually credited with this role. He was certainly active writing letters on Rebecca's behalf and defending 'her Daughters' in the law-courts.

Merched Beca yn ymrannu'n
garfannau – rhwng y rhai o blaid
ac yn erbyn trais. Bellach, hefyd,
roedd plismyn Llundain a llu o
filwyr yn tramwyo'r wlad a llawer
terfysgwr wedi'i ddal a'i gosbi. Ac
roedd y llywodraeth yn barod o'r
diwedd i gydnabod fod gan y
terfysgwyr gwynion dilys.
Sefydlwyd Comisiwn i'w
harchwilio a holwyd 250 o
dystion. Trwy'u tystiolaeth
cawn ddarlun amhrisiadwy o
fagad gofalon ffermwyr bychain
de-orllewin Cymru y cyfnod.
Yn sgil yr adroddiad diwygiwyd
y Cwmnïau Tyrpeg a chafwyd
gwell trefn ar y ffyrdd.

Beth felly fu gwaddol terfysg
Beca? Yn sicr llwyddodd
dirgelwch a rhamant y
'Merched' i danio dychymyg y
Cymry ac i ysbrydoli nofelwyr,
baledwyr ac arlunwyr. Mae llu o
lyfrau, anturiaethau a straeon
wedi eu seilio ar yr hanes
mewn print hyd y dydd
heddiw. Gelwir y fro ar y ffin

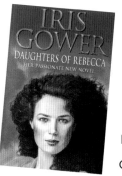

But by the autumn of 1843
there was dissension in
Rebecca's ranks – between
those for and against
violence. By now, too,
metropolitan policemen and
soldiers were roaming the
countryside and several
rioters had been caught and
punished. And the government
was willing to acknowledge at
last that the rioters had
legitimate grievances. A
Commission was established to
examine them and 250
witnesses gave evidence. Their
testimony provides us with an
excellent picture of the
troubles which plagued the
small farmers of south-west
Wales during this period.
The Commission saw the
Turnpike Trusts reformed and
the roads greatly improved.

What, then, was the legacy
of the Rebecca Riots? Their
mystery and romance have
fired the Welsh imagination and

Defnyddir enw 'Beca' heddiw ar bopeth o fwytai i ysgolion i grysau chwys!

The name 'Rebecca' is invoked today on all kinds of things from cafés to schools to sweatshirts!

hwng siroedd Penfro a Chaerfyrddin, lle cafwyd y prif gynnwrf, yn 'Bro Beca' hyd heddiw ac mae enwau lleoedd, busnesau a hyd yn oed yr ysgol yn Efailwen yn dangos dylanwad yr hanes ar y fro.

Er bod i'r terfysg ei wedd dreisgar, bygythiol a digon hyll ar adegau, mae'n parhau yn symbol grymus o ewyllys y werin i oresgyn gorthrwm ac anghyfiawnder trwy wrthryfel cymunedol. Fel y dwedodd Thomas Frankland Lewis, Cadeirydd Comisiwn 1844, mae Terfysgoedd Beca yn rhan gymeradwy iawn o Hanes Cymru'.

inspired authors, ballad-writers and artists. The border between Pembrokeshire and Carmarthenshire, where much of the rioting took place, is still called *Bro Beca* (Rebecca's area) today. Although the riots did have a violent, threatening and quite ugly side to them, they remain a powerful symbol of the ordinary people's will to overcome oppression and injustice through communal revolt. As Thomas Frankland Lewis, the Chair of the 1844 Commission, said, 'the Rebecca Riots are a very creditable portion of Welsh history'.

Dymuna'r cyhoeddwyr ddiolch i'r canlynol am gael defnyddio'r lluniau a welir ar y tudalennau hy
The publishers wish to thank the following for granting permission to use the photographs on
these pages:

2, Brett Breckon, The Beacon Studio; 13, Sarah Pugh, Planed; 23, Cowbois, www.cowbois.com

Hoffai'r awdur gydnabod y ffynonellau isod:
The author wishes to acknowledge the following sources:
    David Williams, *The Rebecca Riots*, Caerdydd: GPC/Cardiff: UWP, 1955
    David Jones, *Rebecca's Children*, Rhydychen/Oxford, 1989
    Pat Molloy, *And they blessed Rebecca*, Llandysul, 1983
    David Howell, 'Beca, Amddiffynnydd y Bobl', *Cof Cenedl XII*, gol. Geraint H. Jenkins, Llandysul:
        Gomer, 1997.

Cyhoeddwyd yn 2006 gan Wasg Gomer, Lladysul, Ceredigion SA44 4JL
Published in 2006 by Gomer Press, Llandysul, Ceredigion SA44 4JL

ⓗ Gwasg Gomer 2006 ©

ISBN 1 84323 695 8
ISBN-13 9781843236955

Cynllun y clawr/Cover design: Sion Ilar

Terfysg Beca

The Rebecca Riots
Catrin Stevens

Gomer